PENSÉES

POUR CHAQUE JOUR

MORALE. — ÉDUCATION

PENSÉES

POUR

CHAQUE JOUR

PARIS
LIBRAIRIE FISCHBACHER
Société anonyme
33, RUE DE SEINE, 33

Avant-Propos

Ce petit volume, destiné aux femmes, s'adresse tout spécialement à celles d'entre elles qui se sont vouées à l'enseignement.

L'avenir de notre pays est, à vrai dire, entre leurs mains, car la France sera ce que seront les enfants qu'on élève et qu'on instruit aujourd'hui. Aussi, devant la grandeur de leur tâche, devant les difficultés de tout genre qu'il faudrait vaincre, plus d'une humble institutrice et plus d'une mère de famille réclament un mot d'encouragement, une parole forte et ferme, un conseil judicieux qui les guide et les soutienne dans leur lutte journalière.

Répondre en quelque mesure à ce besoin, tel a été notre désir, et nous avons demandé aux sages de tous les siècles et de l'heure présente les pensées que nous offrons pour chaque jour de l'année, pour chaque matin et pour chaque soir, aux femmes qui s'occupent de l'éducation de la jeunesse.

Si ce petit recueil peut contribuer, pour sa faible part, au développement moral de nos jeunes institutrices, les relever ou les fortifier aux heures d'abattement et de tristesse, ranimer ici et là un zèle languissant, notre travail, quelque incomplet et imparfait qu'il soit, n'aura pas été tout à fait vain.

JANVIER

— 1 —

A cœur vaillant, rien d'impossible.
Devise de Jacques Cœur.

Le but de la vie n'est pas le bonheur, mais le perfectionnement.
Mme de Staël.

— 2 —

Avant de rien tenter, mesure bien tes forces, ce que tu veux faire et par quels moyens.
Sénèque.

Dévouez-vous sans rien attendre, il n'y a pas d'autre dévouement. Consacrez-vous à votre prochain pour l'amour de lui.
Ch. Secrétan.

Janvier

— 3 —

C'est la résistance, c'est l'effort qui donne à l'individu la volonté, sans quoi il n'est rien. Le travail est l'école du caractère.

Ed. Laboulaye.

La solitude est une grande force qui préserve de bien des périls.

Lacordaire.

— 4 —

Ne méprise pas ta situation ; c'est là qu'il faut agir, souffrir et vaincre.

Amiel.

Il y a dans les hautes montagnes des maisons de refuge situées de distance en distance pour abriter les voyageurs pendant les tempêtes de neige: peupler son cœur de goûts purs et élevés, c'est se bâtir à soi-même des maisons de refuge.

E. Legouvé.

— 5 —

La vie morale transformée, transforme la vie sociale, et il dépend de la bonne volonté de chaque homme d'essuyer des ruisseaux de larmes ou de les faire couler.

Gratry.

La première et la plus importante qualité d'une femme est la douceur.

J.-J. Rousseau.

Janvier

6

Dieu, en faisant l'homme libre, ne l'a pas abandonné à lui-même. Il l'éclaire par la raison. Il est lui-même au-dedans de l'homme pour lui inspirer le bien.

Fénelon.

Aucune pensée vraie, aucune résolution pure, aucun acte d'amour n'a existé en vain.

Robertson.

7

Que l'homme se demande : à quoi suis-je bon ? Et qu'il perfectionne, dès lors, sans relâche, en lui-même, ce talent pour lequel il est né.

Gœthe.

La tristesse est la mort de l'âme : la joie en est la vie.

Vinet.

8

Ce qu'il importe de former chez les femmes, c'est un sentiment juste et prompt de ce qu'exige chaque moment.

Mme Necker de Saussure.

C'est la lutte et non le repos qui fait les forts.

P.-J. Stahl.

9

Le soleil n'attend pas qu'on le prie pour faire part de sa lumière et de sa chaleur. Fais de même tout le bien qui dépend de toi sans attendre qu'on te le demande.
Epictète.

Un peu de tout, rien à souhait : grand moyen d'être modéré, d'être sage, d'être content.
Joubert.

10

L'éducation, à proprement parler, est l'art de manier et façonner les esprits. C'est de toutes les sciences, la plus difficile, la plus rare et en même temps la plus importante.
Rollin.

Ce sont les lâches qui s'ennuient, ceux qui s'abandonnent à leur inertie, qui ne réagissent pas énergiquement contre eux-mêmes, qui oublient les autres.
A. de Gasparin.

11

Il faut tâcher de raisonner peu et de faire beaucoup. Si l'on n'y prend garde, toute la vie se passe en raisonnements, il n'en reste plus pour la pratique.
Maine de Biran.

Une journée d'oisiveté fatigue comme une nuit d'insomnie.
Petit-Senn.

Janvier

12

Travailler et souffrir pour la cause de l'humanité, propager l'intelligence, la liberté et la vertu — voici notre œuvre commune.
Channing.

On aime plus, à mesure qu'on a plus donné.
Henri Perreyve.

13

La paresse, toujours impatiente quand il faut penser tant soit peu, fait qu'on aime mieux croire que d'examiner, parce que le premier est bientôt fait, et que le second demande une recherche plus longue et plus pénible.
Bossuet.

Aussitôt que le cœur sera d'accord avec la conscience, il y aura force et joie, et la pratique du bien deviendra facile.
Ernest. Naville.

14

L'idéal de l'éducation serait d'obtenir une complète préparation de l'homme à la vie tout entière.
Herbert Spencer.

Il n'y a pour l'homme qu'un vrai malheur, qui est de se trouver en faute et d'avoir quelque chose à se reprocher.
La Bruyère.

Janvier

15

L'influence s'exerce plus encore par ce qu'on est que par ce qu'on fait.

M. F.

Peu de gens sont assez sages pour préférer le blâme qui leur est utile, à la louange qui les trahit.

La Rochefoucauld.

16

Si je me réjouis d'apprendre, c'est pour enseigner. Toute jouissance qui n'est point partagée perd sa douceur.

Sénèque.

On comprend toujours ceux qu'on aime, si on les aime pour eux-mêmes et de bonne foi

Fénelon.

17

Pour tout être qui pense et qui veut, la vie doit avoir un but. Pour tout être qui se sent responsable, elle est nécessairement une œuvre à faire, une tâche à accomplir.

Ath. Coquerel.

Il y a autour de nous une infinité de joies vraies, simples et faciles. Il ne s'agit que de s'en emparer.

Janvier

18

J'aime mieux forger mon âme que la meubler.
Montaigne.

L'homme le mieux ordonné est celui qui emploie le mieux son temps ; l'homme le plus avisé, celui qui tire le meilleur parti du sien.
Mme Swetchine.

19

Peu de paroles et beaucoup de bonnes actions, voilà le moyen de faire le bien.
Mgr Landriot.

Nous nous plaignons de la route. Cette plainte est une lâcheté. Qu'importe que nous soyons déchirés par les ronces, si nous sommes sûrs d'atteindre le but.
Jules Simon.

20

La meilleure école de religion est l'œuvre quotidienne de la vie commune avec sa discipline journalière de devoirs personnels, domestiques et sociaux.
Th. Parker.

Si tu voulais remercier Dieu pour toutes les joies qu'il te donne, il ne te resterait plus de temps pour te plaindre.
Rückert.

Janvier

21

Le grand secret de l'éducation proprement dite, c'est l'amour de l'enfant.

Augustin Cochin.

Il n'est pas toujours bon de dire tout ce qu'on a sur le cœur; mais il faut tâcher de n'avoir sur le cœur que ce que l'on peut dire.

Paul Janet.

22

Ce n'est point un grand avantage d'avoir l'esprit vif si on ne l'a juste. La perfection d'une pendule n'est pas d'aller vite, mais d'être réglée.

Vauvenargues.

La vraie richesse de la vie, c'est l'affection ; sa vraie pauvreté c'est l'égoïsme.

Vinet.

23

Nous devons tous au bien général, non-seulement le sacrifice de nos passions, mais aussi le sacrifice de nos projets de bonheur individuel, si ce bonheur doit être oisif et inutile à nos semblables.

Maurice de Guérin.

Ayons des qualités pour en faire usage et non pour en faire parade.

Ch. Rozan.

Janvier

24

Enseigner, soit par la parole, soit par l'action, c'est la fonction la plus élevée sur la terre.
Channing.

L'homme sans patience est une lampe sans huile.
A. de Musset.

25

C'est la bonne éducation qui, seule, peut conduire à la vertu, qui seule est capable de procurer le bonheur.
Plutarque.

Quiconque cesse de lutter recule. Le juste est celui qui extirpe chaque jour l'iniquité du jour.
Gratry.

26

Qui donne à propos un bon conseil, un sage avertissement, une instruction utile, donne plus que s'il donnait de l'or.
Lamennais.

La moquerie est souvent indigence d'esprit.
La Bruyère

Janvier

27

La vérité, c'est toute ma force.

Pascal.

La bonté, qui est la santé morale des âmes, est indispensable à la vie de tous et de chacun.

P.-J. Stahl.

28

C'est la fidélité au présent qui prépare notre fidélité pour l'avenir.

Fénelon.

Faibles ou forts, il n'importe, nous avons tous notre place marquée dans le combat.

A. de Gasparin.

29

La persévérance est tout, dans la vie spirituelle comme dans la vie humaine.

Lacordaire.

On est toujours bien là où on se dévoue.

George Sand.

Janvier

30

Agir pour aujourd'hui, c'est le moyen d'agir d'une manière efficace. Voir trop loin, c'est souvent chose vaine et même dangereuse.

Michelet.

Nous ne deviendrons réellement capables de faire à notre prochain ce que nous voudrions qu'on nous fît, que lorsque nous l'aimerons comme nous-mêmes.

M. F.

31

Pour l'âme comme pour la terre, tout consiste à donner son fruit. Le fruit de l'âme, c'est le développement de la justice, de la vérité, de l'amour.

Gratry.

« Je tâche de comprendre, afin de pardonner. »
Victor Hugo.

Février

1

Soyez ce que vous voulez faire devenir autrui. Que votre être, non vos paroles, soit une prédication.

Amiel.

Il faut si peu de chose pour épanouir le cœur, l'arracher aux petites sottises de ce petit monde.

Henri Perreyve.

2

Lorsque la pensée peut être le précurseur de l'action, lorsqu'une réflexion heureuse peut à l'instant se transformer en une institution bienfaisante, quel intérêt l'homme ne prend-il pas au développement de son intelligence!

Mme de Staël.

Restons bienveillants, même pour ceux qui ne le sont pas pour nous.

Février

— 3 —

La conscience ressemble aux facultés de l'esprit, elle a besoin d'éducation. En l'exerçant, on lui apprend à voir plus juste.
E. Legouvé.

Le moment où l'homme paraît renoncer au bonheur en renonçant à l'égoïsme, est précisément celui où il rencontre le bonheur vrai.
Ernest Naville.

— 4 —

Tout ce qui fait de l'homme un *homme*, est le véritable objet de l'enseignement.
Milton.

C'est peut-être sous sa forme la moins éclatante, sous l'aspect uniforme de la paix, que la joie exerce le plus sûrement son heureux empire.
Vinet.

— 5 —

L'histoire, quand elle est bien enseignée, devient une école de morale pour tous les hommes. Elle détrompe des erreurs et des préjugés populaires.
Rollin.

Le fruit du travail est le plus doux des plaisirs.
Vauvenargues.

Février

6

L'homme le plus heureux est le plus occupé.
Royou.

Nous sentons vivement et nous pesons avec exactitude ce que nous avons à souffrir de la part des autres, mais nous ne considérons pas ce qu'ils ont à souffrir de nous.
Imitation de Jésus-Christ.

7

La piété est différente de la superstition. Soutenir la piété jusqu'à la superstition, c'est la détruire.
Pascal.

Quiconque a soif de devenir meilleur, a dans ce désir la garantie que ses efforts ne lui seront pas inutiles.
Channing.

8

C'est bien puissant, le « je veux » de la volonté !
Eugénie de Guérin.

Soyons bons premièrement, puis nous serons heureux. N'exigeons pas le prix avant la victoire, ni le salaire avant le travail.
J.-J. Rousseau.

9

Le plus grand mal de l'homme est de ne savoir point diriger sa vie et de ne tenir à aucun principe.

Maine de Biran.

Il n'y a que les personnes qui ont de la fermeté qui puissent avoir une véritable douceur.

La Rochefoucauld.

10

Tout ce qui ne rend pas ton esprit et ton cœur plus fort et plus actif, plus ardent pour le bien, ne vaut pas la peine d'être désiré avec ardeur.

Lavater.

« Que d'heureux on ferait du bonheur qui se perd. »

Eug. Manuel.

11

Que vos pieds suivent le sentier du devoir, et vous aurez toujours le front dans la lumière.

Paul Stapfer.

L'amour vrai, c'est l'oubli de soi.

Mme Craven.

Février

12

Nous sommes ici-bas pour une certaine œuvre; nous avons chacun nos capacités et nos aptitudes; nous les avons reçues pour le bien de la société autant que pour notre bien; nous ne devons pas les enfouir.

Jules Simon.

L'aveu d'une faute n'est pas une faiblesse, mais une force.

Eugène Pelletan.

13

Ne méprise pas les petites choses, en considérant combien tu es incapable d'en faire de plus grandes.

Lacordaire.

La vue des souffrances véritables confond nos souffrances imaginaires et nous force à sortir de nous-mêmes.

Robertson.

14

Elever un enfant, c'est le mettre en état de remplir un jour, le mieux possible, la destination de sa vie.

Mme Necker de Saussure.

C'est un talent que de supprimer en soi tout ce qui peut gêner les autres.

Février

15

Il n'est pas permis à l'homme d'abdiquer, sous aucun prétexte, ce qui le fait homme, ce qui le rend capable de comprendre Dieu et d'en exprimer en soi une parfaite image, c'est-à-dire la raison, la liberté, la conscience.

Victor Cousin.

« Qui vit content de peu, possède toute chose. »

Boileau.

16

L'énergie de l'esprit et du corps est absolument indispensable pour faire quelque chose de bon dans toute carrière pratique.

Gœthe.

L'indifférence est une impuissance.

Ath. Coquerel.

17

La superstition est une maladie de l'âme ; elle altère surtout et pervertit le sentiment religieux.

Henri Perreyve.

Vaincre le mal par le bien, c'est faire la victoire de Dieu.

Michelet.

Février

18

Celui qui est maître de l'éducation peut changer la face du monde.

Leibnitz

Il faut nous priver des plaisirs de la vie, toutes les fois qu'ils causeraient un dommage à notre frère.

T. Colani.

19

Il n'y a pas d'hommes qui fassent plus de mal au genre humain que ceux qui vivent autrement qu'ils n'enseignent à vivre.

Sénèque.

Il faut avoir patience avec soi-même et ne se rebuter jamais.

Fénelon.

20

Subordonner la conscience, c'est la supprimer, car elle-même se reconnaît et se déclare souveraine.

Ch. Secrétan.

Celui qui ne supporte rien n'est pas lui-même supporté.

P. Janet.

21

Communiquer ce que l'on sait, répandre la science, c'est semer le grain qui nourrira les générations.

Lamennais.

Le courage est la lumière de l'adversité.

Vauvenargues.

22

Le travail, qui est une peine, est aussi un bonheur. Il remplit l'existence, il la féconde, on se sent vivre et l'on est heureux dans la plénitude de cette force vitale.

Mgr Landriot.

Le devoir, fidèlement rempli, ouvre l'esprit à la vérité.

Channing.

23

La vie tout entière est une éducation, car la vie tout entière est un développement.

Laboulaye.

Il n'y a pas d'isolement pour qui sait prendre sa place dans l'harmonie universelle et ouvrir son âme à toutes les impressions de cette harmonie.

Maurice de Guérin.

Février

24

Le besoin que nous éprouvons d'une infinie perfection, n'est pas une vaine rêverie, un luxe de la pensée : c'est le plus noble et le plus légitime de nos besoins.

Giordano Bruno.

Vivre, c'est faire une œuvre qui dure.

Vinet.

25

L'homme pour marcher au bien a autant besoin d'être encouragé que réprimandé, réconcilié avec lui-même que sévère à lui-même.

E. Legouvé.

Pardonner sincèrement et de bonne foi, pardonner sans réserve, voilà la plus rude épreuve de la charité.

Bourdaloue.

26

C'est à tenir la volonté toujours en haleine et l'esprit éveillé par l'attention, que servent les méthodes et le talent des maîtres.

Mme Necker de Saussure.

La multitude des affections élargit le cœur.

Joubert.

Février

27

Le travail est la loi de la vie, la loi de toute création et de tout progrès.

Lacordaire.

Se plaindre est plus aisé que de se vaincre.

A. de Gasparin.

28

Malgré tous les découragements, l'homme fort poursuit son objet et ne cède qu'aux impossibilités.

Th. Payne.

La force que l'on puise dans la rancune, dans l'irritation, n'est jamais que de la faiblesse.

Mme Swetchine.

29

Je travaille à ce que chaque jour soit pour moi toute une vie.

Sénèque.

Chaque moment, chaque seconde est d'une valeur infinie, car elle est le représentant d'une éternité tout entière.

Gœthe.

Mars

1

Aussi vrai que j'existe, je veux obéir à ma conscience dans tout ce qu'elle me prescrira. Que cette détermination soit désormais inébranlable dans mon esprit ; qu'elle soit le principe, le mobile de toutes mes actions.

Fichte.

Ne permets pas au sommeil de te fermer les yeux avant d'avoir examiné chaque action de ta journée.

Pythagore

2

On se persuade mieux, pour l'ordinaire, par les raisons qu'on a trouvées soi-même, que par celles qui sont venues dans l'esprit des autres.

Pascal.

Ce qui est vraiment beau, c'est ce qui rend l'homme meilleur.

Mme de Staël.

—: 3 :—

On ne changera pas la nature de l'homme, mais ne peut-on le corriger, l'élever, le perfectionner? L'homme n'est-il donc pas perfectible?

Gratry.

Nous n'avons de vrais et solides préservatifs contre l'ennui que ceux que nous tirons de nous-mêmes.

M. F.

—: 4 :—

Ne prenez jamais, sans une extrême nécessité, un air austère et impérieux, qui fait trembler les enfants. Vous leur fermeriez le cœur et leur ôteriez la confiance, sans laquelle il n'y a nul fruit à espérer de l'éducation.

Fénelon.

La source de nos découragements est souvent dans notre impatience.

Ernest Naville.

—: 5 :—

Le devoir est d'être utile, non comme on le désire, mais comme on le peut.

Amiel.

Si vous ne portez pas au-dedans la source de la joie véritable, c'est-à-dire la paix de la conscience et l'innocence du cœur, en vain vous les chercherez au-dehors.

Massillon.

6

Rien n'est plus important que de bien discerner les fautes qui méritent d'être punies et celles qui doivent être pardonnées.

Rollin.

On ne règne sur les âmes que par le calme.

E. Legouvé.

7

Le prix de l'heure présente est ce qu'il est essentiel de faire sentir aux femmes. La nonchalance, le laisser-aller consument leur vie.

Mme Necker de Saussure.

L'important est d'avoir du mérite et non d'avoir un mérite récompensé par les hommes.

Silvio Pellico.

8

Quand ma conscience m'approuve, m'encourage, m'ordonne de marcher en avant, aucune voix ne peut lui imposer silence : elle est souveraine.

Ath. Coquerel.

La joie se trouve au fond de toutes choses ; mais il appartient à chacun de l'en extraire.

9

Celui-là seul est près de Dieu qui le cherche avec un esprit sincère et un cœur pur.

E. Bersot.

Quand vous aurez cessé de songer au bonheur, vous l'aurez trouvé.

Ch. Secrétan.

10

Le travail est toujours un combat, dans lequel la volonté seule remporte la victoire.

Henri Perreyve.

Une grande âme est au-dessus de l'injure, de l'injustice, de la douleur, de la moquerie ; elle serait invulnérable si elle ne souffrait par la compassion.

La Bruyère.

11

Quand nous déferons-nous de cette détestable habitude de ne rien faire parce que nous ne pouvons pas tout faire, de nous croiser les bras parce qu'ils tomberont de fatigue avant que tout soit accompli !

T. Colani.

Ce qui ne répare rien, c'est le découragement.

P.-J. Stahl.

Mars

12

Le meilleur maître est celui qui éveille chez ses élèves la faculté de penser et leur apprend à marcher seuls.

Channing.

Si vous ne voulez pas vous vaincre dans les petites choses, comment surmonterez-vous les grandes ?

Imitation de Jésus-Christ.

13

Pour tout homme qui pense, aime l'humanité, croit à sa réforme, à ses progrès, a foi en Dieu et en ses desseins souverainement bons, l'éducation a été toujours et est plus que jamais la grande question, le suprême espoir, le salut de l'avenir.

Augustin Cochin.

Sois une lumière et ne cherche point à le paraître.

Lavater.

14

Il faut de grandes ressources dans l'esprit et dans le cœur pour goûter la sincérité lorsqu'elle blesse, ou pour la pratiquer sans qu'elle offense. Peu de gens ont assez de fonds pour souffrir la vérité et pour la dire.

Vauvenargues.

Tout est orage quand la paix n'est au-dedans.

Maine de Biran.

15

Travaillons avec le même soin que si nos travaux et nous-mêmes nous devions subsister toujours. Nous qui ne durons pas, faisons des œuvres qui durent.

Vinet.

Il faut rougir de faire une faute et non de la réparer.

J.-J. Rousseau.

16

Attachez-vous à suivre la voie sacrée de la vérité, et vous ne tromperez jamais ni vous, ni les autres.

Gœthe.

Il n'y a pas sur cette terre de spectacle plus beau que celui de l'amour tolérant même l'intolérance, et de la charité couvrant comme d'un voile le manque de charité chez le prochain.

Robertson.

17

Vous ne savez rien, si vous ne savez que commander, que reprendre, que corriger.

Fénelon.

« Un sourire... qui sait ce que peut un sourire ? »

Louisa Siefert.

18

Il est inouï ce qu'on fait avec le temps, quand on a la patience de l'attendre et de ne pas se décourager.

Lacordaire.

On n'est jamais médiocre quand on a beaucoup de bon sens et beaucoup de bons sentiments.

Joubert.

19

La sympathie, mobile essentiel de la vocation de la femme, lui est indispensable, soit pour pénétrer les êtres avec qui elle se trouve en rapport, soit pour les atteindre.

M. F.

« Soyez celui qui lutte, aime, console, pense, pardonne et qui pour tous souffre. »

Victor Hugo.

20

Rester stationnaire, c'est manquer à son devoir tout autant que si l'on agissait dans un sens directement opposé à la volonté de Dieu.

Ed. Reuss.

La douceur, c'est la plénitude de la force.

Gratry.

21

« L'exemple touche plus que ne fait la menace. »
Corneille.

Heureux celui qui, dès l'entrée de la vie, a compris et aimé le devoir et lui a courageusement offert les vaillantes années de sa jeunesse.

22

Y a-t-il rien d'accompli comme la femme qui sait beaucoup et ne le fait pas sentir ?
A. de Gasparin.

Nous avons plus de force que de volonté, et c'est souvent pour nous excuser à nous-mêmes, que nous nous imaginons que les choses sont impossibles.
La Rochefoucauld.

23

De toutes les maladies de l'âme, c'est la superstition qui cause le plus d'égarements.
Plutarque.

Dans l'âme religieuse, la grande idée du devoir survit à tout.
Mme Necker de Saussure.

24

Il n'est rien de plus élastique que les forces et le temps de l'homme : l'égoïsme les restreint, la charité les augmente.

Ernest Naville.

Tout s'apaisera pour vous, dans la vie, si vous restez toujours religieusement bon.

Mme de Staël.

25

Le travail, entre autres avantages, a celui de raccourcir les journées et d'étendre la vie.

Diderot.

Demandons-nous, quand nous aurons peine à nous laisser fléchir, si nous serions heureux que chacun fût pour nous inexorable.

Sénèque.

26

Penser, combattre et vaincre, voilà la véritable vie, voilà la source de l'intérêt ; hors de là, il n'y a que découragement et langueur.

Mme de Rémusat

L'amitié n'est si divine que parce qu'elle donne le droit de dire la vérité aux hommes qui la disent si peu et qui l'entendent si rarement.

Lacordaire.

27

Développer dans l'individu toute la perfection dont il est susceptible, est le but de l'éducation.

Kant.

A ceux qui perdent leur vie présente, l'avenir n'apportera pas et ne peut pas apporter le bonheur.

Channing.

28

Montrez toujours à l'enfant que vous vous possédez : rien ne le lui fera mieux voir que votre patience.

Rollin.

Les bonnes actions, la paix de la conscience, la recherche du vrai, du bon, dépendent de nous ; et c'est par là seulement que nous pouvons être heureux.

Maine de Biran.

29

Il n'est rien de plus souple que l'âme de l'homme. Il ne faut que vouloir et tout est fait.

Epictète.

Ce ne sont point les choses extérieures qui nous rendent heureux, c'est la nature et la vérité des jouissances que nous y puisons.

Mgr Landriot.

Mars

30

Pour la plupart des âmes, la vie chrétienne consiste tout entière à faire de très petites choses avec un très grand cœur.

Henri Perreyve.

Trois forces nous sont données, que nous devons maintenir en nous : le courage, la joie, l'espérance.

Feuchtersleben.

31

Les esprits qui s'élèvent et deviennent vraiment grands sont ceux qui ne sont jamais satisfaits d'eux-mêmes dans leurs œuvres accomplies, mais qui tendent toujours à mieux dans leurs œuvres nouvelles.

Claude Bernard

Tu es triste, le soir ; la journée pèse sur toi ; pourtant tu n'as pas fait de mal. Alors pourquoi ce reproche intérieur ? — Tu n'as pas fait de bien.

Dieterlen.

AVRIL

1

Quoi de plus grand en ce monde que de *vouloir* sérieusement !
Michelet.

La paresse, qui est une langueur de l'âme, est une source inépuisable d'ennuis.
Fénelon.

2

C'est la volonté, en définitive, qui décide de la vie de l'homme. C'est l'énergie de la volonté qui fait l'homme véritable.
Bautain.

La peine causée par l'envie est une plaie empoisonnée.
E. Legouvé.

Avril

3

C'est par l'effort et le concours de tous qu'il faut arriver à l'éducation de tous.

Laboulaye.

Le temps ne se compose pas seulement d'heures et de minutes, mais d'amour et de volonté : on a peu de temps quand on a peu d'amour.

Vinet.

4

Se faire craindre n'est souvent pas une preuve de supériorité.

Sénèque.

Si les femmes manquent à cette grande obligation de l'empire sur elles-mêmes, c'est-à-dire de la réaction contre leurs propres impressions, tout s'affaisse et se dégrade en elles et autour d'elles.

M. F.

5

Etre placé au-dessus des autres, n'est qu'une obligation plus étroite de travailler pour les autres et de les servir.

Bourdaloue.

S'il nous faut une ambition, ayons celle de faire du bien, la seule ambition virile.

Jules Simon.

Avril

6

Le cœur est assez large pour loger beaucoup d'affections, et plus vous en donnerez de sincères et de dévouées, plus vous le sentirez grandir en force et en chaleur.

George Sand.

Tout apprendre à la fois est ne rien savoir.

Virey.

7

Savoir suggérer, c'est la grande finesse pédagogique. Pour cela, il faut deviner ce qui intéresse.

Amiel.

Ne vous préparez pas à beaucoup de repos, mais à beaucoup de patience.

Imitation de Jésus-Christ.

8

C'est la seule tiédeur de notre volonté qui fait notre faiblesse, et l'on est toujours fort pour faire ce qu'on veut fortement.

J.-J. Rousseau.

La tristesse vient du trouble de l'âme. La certitude du devoir accompli ou à accomplir donne un calme qui conduit aisément à la joie.

Joubert.

Avril

9

Le but de l'éducation n'est pas tant de donner une certaine somme de connaissances, que d'éveiller les facultés et d'enseigner à l'élève l'usage de son propre esprit.

Channing

C'est faute de pénétration que nous concilions si peu de choses.

Vauvenargues.

10

Au lieu de nous baisser au niveau des faits, travaillons à relever les faits au niveau des principes.

A. de Gasparin.

La notion si claire que nous avons de nos fautes est une marque certaine de la liberté que nous avons eue à les commettre.

Bossuet.

11

Ne sème jamais que la semence du bien.

Firdousi.

Tout ce que nous sacrifions, sacrifions-le, non à l'impulsion du moment, mais à un principe. L'enthousiasme est une belle chose, mais soyons calmes dans ce que nous faisons.

Robertson.

Avril

12

Le moyen sûr d'exceller en quelque chose n'est autre que d'avoir une attention assidue et infatigable pendant que l'on en est occupé.
Chesterfield.

Pourquoi vouloir monter sur des échasses pour paraître plus grand ?
Sois ce que tu es, et rien de plus.
Maine de Biran.

13

Mettez votre religion dans votre conscience ; ayez-la dans votre cœur et non pas dans votre imagination.
Ath. Coquerel.

La sympathie ne se refuse qu'à celui qui ne l'inspire pas, et celui-là l'inspire, qui en porte en lui-même le généreux ferment.
Lacordaire.

14

Rien n'abat si fort l'esprit des enfants que d'avoir un maître trop sévère et trop difficile à contenter.
Rollin.

La vie contemplative est souvent misérable. Il faut agir davantage, rêver moins et ne pas se regarder vivre.
Chamfort

Avril

15

La femme qui remplira le mieux sa destination sera celle qui exercera l'influence la plus heureuse dans la sphère d'activité que les circonstances lui ont assignée.
Mme Necker de Saussure.

Voulez-vous qu'on dise du bien de vous ? N'en dites point.
Pascal.

16

Tout grand enseignement est une inspiration de celui qui enseigne.
Th. Parker.

Nous ne sommes vaniteux que parce que nous nous comparons aux autres par le point où nous l'emportons sur eux.
E. Legouvé.

17

On croit toujours que ce sont les lumières qui font le mal et l'on veut le réparer en faisant rétrograder la raison. Le mal des lumières ne peut se corriger qu'en acquérant plus de lumière encore.
Mme de Staël.

Oublions-nous, et nous oublierons aussi de nous plaindre.

Avril

18

En fait de morale, il ne suffit pas de savoir. Que d'hommes connaissent leur devoir et ne le font pas ! Le plus difficile n'est pas de savoir ce qu'on doit faire, mais de l'exécuter.

Bautain.

L'habitude de vivre pour nous-mêmes nous rend toujours plus incapables de vivre pour autrui.

Vinet.

19

Il faut apprendre ce qui nous ennuie pour parvenir à ce que nous voudrions savoir, dresser l'échafaudage avant de commencer à construire.

Mme Guizot.

Mettez toujours au premier rang la droiture du cœur et la fidélité.

Confucius.

20

La superstition rétrécit et obscurcit l'esprit, mais les grands principes de la science morale et religieuse sont, plus que tous les autres, féconds et vivifiants.

Channing.

Souffrons tout avec courage, car tout arrive non pas comme on croit, par hasard, mais à son heure.

Sénèque.

Avril

21

La science suprême, c'est de perfectionner l'individu, c'est-à-dire l'âme humaine et de lui assurer le plein développement de toutes ses facultés.

Laboulaye.

Il y a peu d'existences assez dépouillées pour n'avoir pas leur rayon.

M. F.

22

La vie journalière en apprend plus que le livre le plus propre à exercer une influence.

Gœthe.

L'on ne peut aller loin dans l'amitié, si l'on n'est pas disposé à se pardonner les uns aux autres les petits défauts.

La Bruyère.

23

Il ne nous faut pas attendre que nos sentiments soient ce qu'ils devraient être : agissons toujours, même avec un cœur de glace, car il se réchauffera peu à peu.

Robertson.

Les petits esprits sont blessés des plus petites choses.

La Rochefoucauld.

Avril

24

« Oui, souviens-toi de vivre ; oui, malgré la [tempête
» Ne t'abandonne pas, ne courbe pas la tête,
» Résiste, espère, crois ! »

Louisa Siefert.

Retirez-vous en vous, mais préparez-vous premièrement à vous y recevoir : ce serait folie de vous fier à vous-même, si vous ne savez vous gouverner.

Montaigne.

25

Il faut rendre les enfants raisonnables, mais non les rendre raisonneurs. La première chose à leur apprendre, c'est qu'il est raisonnable qu'ils obéissent, et déraisonnable qu'ils contestent. L'éducation sans cela, se passerait en argumentations.

Joubert.

Dans une grande âme, tout est grand.

Pascal.

26

Il nous est plus facile de nous teindre d'une infinité de connaissances, que d'en bien posséder un petit nombre.

Vauvenargues.

Calme ! grand mot en éducation.

Legouvé.

Avril

27

Réaliser le bien moral dans toute l'étendue de nos forces, c'est l'obligation; croire au triomphe, à la pleine réalisation du bien, c'est la foi de la conscience.

Ch. Secrétan.

Les joies du moissonneur se mesurent aux sueurs et aux larmes qui tombent avec le grain de blé dans les sillons de ses champs.

Henri Perreyve.

28

Rien ne pénètre aussi doucement et aussi profondément dans l'âme que l'influence de l'exemple.

Locke.

Il y a d'insondables forces dans l'âme humaine, puisque au fond il y a Dieu même.

Gratry

29

Le zèle dépourvu d'intelligence s'égare; pour agir utilement, il faut connaître le but à atteindre, les moyens à employer, les obstacles à vaincre.

Ernest Naville.

« Ah ! celui-là vit mal qui ne vit que pour soi. »

Alfred de Musset.

Avril

30

S'approcher toujours plus près de la vérité en la cherchant toujours, c'est le devoir, c'est la destinée de l'homme.

Augustin Cochin.

Le vrai progrès consiste à se renouveler.

Vinet.

Mai

1

Travaillez pendant que vous êtes jeune; il n'y a qu'un printemps de la vie, et c'est le printemps qui prépare la richesse de l'été et la fécondité de l'automne.

Bautain.

C'est l'intention qui relève les plus petites choses, ennoblit les plus communes.

Sénèque.

2

Ce sont les bonnes qualités du cœur qui donnent le prix aux autres, et qui, en faisant le vrai mérite de l'homme, le rendent aussi un instrument propre à procurer le bonheur de la société.

Rollin.

Se plaire à faire bien est le prix d'avoir bien fait.

J.-J. Rousseau.

3

Le travail, sous une forme ou une autre, a été établi par Dieu pour servir au progrès et au bonheur de l'homme.

Channing.

Il n'est pas seulement ordonné à l'homme de faire le bien, mais de faire tout le bien possible.

Mme Necker de Saussure.

4

A chaque instant, l'instruction a une influence morale qui est au plus haut point éducative, qui, éclairant l'esprit, règle aussi l'âme.

Michelet.

Quand on est grand soi-même, on grandit ce qui est autour de soi.

E. Michaud.

5

Ce qu'on veut que soient les enfants, il le faut être, alors tout coule de source.

Vinet.

Les véritables jours de fête pour toi doivent être ceux où tu as surmonté une tentation et où tu as chassé loin de toi, ou du moins affaibli, l'orgueil, la médisance, l'envie.

Epictète.

— 6 —

Le devoir que tu as deviné, te lie dès l'instant où tu l'as deviné.

Amiel.

Les âmes fortes ne sont point susceptibles, elles sont vigoureusement trempées et ne se laissent point atteindre par ces mille petits riens, ces grains de poussière qui forment comme le fond de la vie humaine.

Mgr Landriot.

— 7 —

Heureux celui qui goûte son devoir, celui qui va de bon cœur à sa tâche de chaque jour.

E. Bersot.

Sachons sourire ; sourire à la vie, sourire à nos devoirs, sourire même à nos peines.

...

— 8 —

Tout éducateur est un semeur. Prenons garde à notre façon de semer.

A. de Gasparin.

« Et le soir, quand des cieux la clarté se retire,
« Heureux à qui son cœur tout bas a répondu :
« Ce jour qui va finir, je ne l'ai pas perdu. »

Andrieux.

9

Ce qui dissipe ne repose pas. Le repos, c'est la vie se recueillant et se retrempant dans ses sources.

Gratry.

Se rendre utile vaut mieux que briller.

Robertson.

10

Elever un enfant, c'est lui apprendre à se passer de nous.

E. Legouvé.

Il n'y a qu'une base à la vie heureuse, c'est la recherche du bien et du vrai. Vous serez contents de la vie, si vous en faites un bon usage.

E. Renan.

11

Ce qui exige toujours et sans relâche l'emploi de notre volonté, c'est le devoir d'être attentives à l'action que nous exerçons sur autrui en qualité de modèles.

M. F.

Les ennuyés sont tous excessivement ennuyeux.

Doudan.

12

Quand les femmes ont l'âme forte, cette force éclate surtout dans leur vocation pour le dévouement.

Saint-Marc Girardin.

On est toujours joyeux le soir, quand on a employé utilement la journée.

Imitation de Jésus-Christ.

13

Le dévouement ne calcule pas, le courage s'inquiète peu d'être isolé.

T. Colani.

Si votre cœur est droit devant Dieu, là sera votre asile et votre refuge.

Bossuet.

14

Ce n'est pas tout que d'acquérir des idées; il importe de les conserver.

Jules Simon.

Rien ne peut remplacer les livres. Ce sont des amis qui nous encouragent et nous consolent dans la solitude, la maladie, l'affliction.

Channing.

Mai

15

Savoir par cœur n'est pas savoir. C'est tenir ce qu'on a donné en garde à sa mémoire.
Montaigne.

La patience émousse peu à peu les aspérités les plus rudes ; que rien donc ne l'épuise en vous.
Lamennais.

16

La volonté de Dieu, considérée dans tous les devoirs quels qu'ils soient, est ce rayon de soleil qui ennoblit et transforme toutes choses.
Ernest Naville.

Ne nous inquiétons pas de l'avenir : portons seulement notre fardeau de chaque jour.
Lacordaire.

17

Il ne suffit pas d'avoir entrevu des principes, il faut les avoir compris.
Malebranche.

Celui qui fait le bien en son temps a travaillé pour les siècles.
Schiller.

Mai

18

Mettons tout ce que nous avons de facultés à tout ce que nous avons à faire ; usons le mieux que nous pouvons de la vie que Dieu nous donne.

Vinet.

Dieu a mêlé l'amitié à la vie pour y répandre la gaieté, l'agrément et la douceur.

Plutarque.

19

Une partie de la science de la vie consiste à apprendre quelle est notre responsabilité sans toucher à celle des autres.

Mme Beecher-Stowe.

Le sentiment de nos forces les augmente.

Vauvenargues.

20

L'homme qui met à profit chaque moment, qui règle chaque journée comme si elle était toute sa vie, celui-là ne souhaite ni n'appréhende le lendemain.

Sénèque.

La bonté du cœur est victorieuse d'ennemis presque invincibles.

Lavater.

21

L'effort en lui-même, dans un organisme sain, est une joie ; il constitue le plaisir primitif le plus pur et le plus simple, celui de se sentir vivre.

E. Caro.

La vérité vraie n'est jamais du côté des découragés et des mécontents.

A. de Gasparin.

22

Les hommes d'énergie, les hommes de caractère parlent peu et agissent à propos et avec force.

Bautain.

Nous sommes heureux dans l'exacte mesure où nous savons nous oublier.

Ch. Secrétan.

23

Il s'agit de régler le fond de votre cœur pour régler votre vie.

Fénelon.

La volonté de Dieu, ou, en d'autres termes, la loi morale, ne saurait occuper une place secondaire dans notre cœur ; l'empire qu'elle réclame est illimité.

Mme Necker de Saussure.

24

L'homme qui indique aux autres le chemin rude et pierreux est généralement celui qui choisira pour lui-même un sentier couvert de roses.

Robertson.

Un diamant brut ne saurait servir d'ornement : il faut le polir et le mettre en œuvre pour le faire paraître avec avantage. Il en est de même des bonnes qualités de l'âme.

Locke.

25

Ce n'est jamais une chose basse et inutile que d'être sincère, quelque petite que soit la chose dans laquelle on fait paraître sa sincérité.

Nicole.

Le bonheur des autres nous appartient un peu si nous nous y associons. Suppléons avec le leur à celui qui peut nous manquer.

26

L'homme préoccupé ou qui se préoccupe des moindres choses n'est jamais prêt à agir dans le moment et comme il faudrait agir.

Maine de Biran.

Il est doux de se croire malheureux, lorsqu'on n'est que vide et ennuyé.

Alfred de Musset.

27

La plus grande influence qui existe sur terre est cachée dans la main de la femme.

Ad. Monod.

Notre âme a tellement soif de bonheur que, si les joies véritables viennent à lui manquer, elle s'ingénie à en forger d'artificielles.

André Theuriet.

28

Nous pouvons tous quelque chose, peu ou beaucoup, et ce que nous pouvons nous le devons.

Frédéric Passy.

Le motif seul fait le mérite des actions des hommes.

La Bruyère.

29

Les sacrifices sans espoir, sans récompense sont le suprême effort de la vertu humaine.

Lanfrey.

Il n'en vaut pas la peine ! C'est là un de ces mots capables d'engloutir toute une vie.

M. F.

—: 30 :—

Aimer Dieu et nous faire aimer de lui, aimer nos semblables et nous faire aimer d'eux : voilà la morale et la religion ; dans l'une et dans l'autre l'amour est tout : fin, principe et moyen.

Joubert.

La meilleure et la seule mesure du caractère, c'est la conduite.

Channing.

—: 31 :—

Il n'y a que le bien qui soit assez fort pour détruire le mal. Faites donc tout le bien que vous pouvez.

Lacordaire

« Ah ! demain c'est la grande chose !
« De quoi demain sera-t-il fait ?
« L'homme aujourd'hui sème la cause,
« Demain Dieu fait mûrir l'effet. »

Victor Hugo.

Juin

— 1 —

Toute la dignité de l'homme est dans la pensée.
Pascal.

Les opinions que vous voudriez soutenir contre votre persuasion, vous ne pourriez ni les approfondir par l'analyse, ni les animer par l'expression.
Mme de Staël.

— 2 —

L'instruction forme le talent, l'éducation forme le caractère. La mission de l'éducateur est la plus élevée, son art le plus difficile.
Augustin Cochin.

Nous apprendre notre devoir n'est rien, si on ne nous le fait aimer.
Vinet.

Juin

3

A mesure qu'on discerne mieux ce qui est bien et qu'on l'aime davantage, on désire s'en rapprocher tous les jours par la pratique.

Bautain.

On n'a pas le droit d'exiger des autres la perfection que l'on ne s'impose pas à soi-même.

Paul Janet.

4

Une âme menée par la crainte en est toujours plus faible.

Rollin.

C'est de son propre caractère, comme d'une source féconde, que l'homme répand sur ce qui l'entoure la joie et le plaisir.

Plutarque.

5

Chaque individualité morale concourt pour sa part à changer la face du monde; chaque être libre est créateur.

Ch. Secrétan.

Partout où a pénétré l'égoïsme, la vie morale est atteinte, l'homme se replie sur lui-même et le cœur se dessèche.

Corne

6

On a beau enfouir son *moi* au fond de l'âme, il reparaît malgré qu'on en ait, comme un bâton plongé dans l'eau remonte toujours à la surface.

Maurice de Guérin.

Le caractère n'est jamais petit quand l'homme est bon.

P.-J. Stahl.

7

C'est la volonté de vaincre qui donne les victoires ; or, ce qui est vrai pour les grandes luttes qui font retentir le monde, est vrai pour les luttes obscures et cachées de chaque vie particulière.

Henri Perreyve.

L'ennui est la grande maladie de la vie.

Alfred de Vigny.

8

Le goût ne se forme que par la contemplation de l'excellent, non du passable.

Gœthe.

Nous avons tous fait ou médité le mal. Que cette pensée nous rende plus indulgents pour ceux qui pèchent.

Sénèque.

Juin

9

Le travail est une école de dévouement aussi bien que de justice. Pour vivre, il faut que l'homme soit utile à autrui.

Channing.

Moins on fait, moins on voit ce qu'il y a à faire.

Lobstein.

10

La vie n'a de prix qu'aussi longtemps qu'on peut faire un pas en avant, agrandir son horizon, s'augmenter soi-même. Qui se copie s'efface; qui ne se renouvelle pas se meurt.

Edgar Quinet.

Tout ce qui occupe des autres égaie; tout ce qui n'occupe que de soi attriste.

Joubert.

11

On sait deux fois une chose quand on la sait et qu'on l'admire.

E. Legouvé.

Les réserves mentales sont des mensonges muets non moins immoraux que les mensonges parlés

M. F.

Juin

— 12 —

Chacun ne veut penser qu'à soi-même et ne regarde les autres qu'avec dessein de dominer sur eux.

Bossuet.

La vraie supériorité est rayonnante de bons sentiments comme de hautes pensées.

Mme de Staël.

— 13 —

Le travail prévient ou guérit toutes les maladies de l'âme ; il est le grand consolateur, le grand médecin.

Emile Deschanel.

Le jour où la confiance en Dieu se grave en nous, nous mettons le pied sur le rivage de la paix.

A. de Gasparin.

— 14 —

En toutes choses, faire ce qui dépend de soi, et pour le reste être ferme et tranquille.

Epictète.

Insouciance, paresse, amour d'une vie molle, peur surtout, la tremblante peur, voilà ce qui aveugle ou corrompt les débiles consciences de tant d'hommes.

Lamennais.

Juin

15

La femme peut et doit éprouver une pitié profonde pour tout ce qui souffre, venir en aide à l'humanité, aimer sa patrie, sentir son cœur battre pour les grandes causes.
Ath. Coquerel.

On est riche de ce que l'on donne, et pauvre seulement de ce qu'on refuse.
Mme Swetchine.

16

Il est bon d'être ferme par tempérament et flexible par réflexion.
Vauvenargues.

La première condition pour qui veut se connaître et connaître le monde, c'est de garder son esprit libre.
H. Baudrillart.

17

On ne fait jamais le bien assez vite. Est-ce qu'il a le temps d'attendre ?
A. Dumas fils.

Il n'est point de souffrances que la sympathie n'allège. Les tristesses de la vie se dissipent au rayon de l'amour fraternel comme les gelées d'automne fondent le matin quand le soleil se lève.
L. ane m is.

18

L'erreur ne peut être détruite que par la lumière de la vérité.

Nicole.

Les paroles dont la simplicité est à la portée de tout le monde et dont le sens est profond sont les meilleures.

Mencius.

19

Plus nous développons notre cœur, plus il s'agrandit ; plus nous aimons, plus nous nous dévouons, plus nous sommes capables d'amour et de dévouement.

Laboulaye.

La charité est quelque chose de mieux qu'un bon mouvement du cœur ; c'est un acte d'équité et de bon sens.

Sauvage.

20

Notre conscience est la propriété de Dieu, et la remettre à un autre qu'à lui est un acte d'idolâtrie.

Ernest Naville.

A quoi sert le dévouement quand tout est perdu ? Il sert à faire honorer l'humanité dans la personne de quelques hommes.

Lacordaire.

Juin

21

On n'arrive presque jamais par les châtiments au seul vrai but de l'éducation qui est de persuader les esprits.

Rollin.

Qui voyez-vous mécontent, sombre, ennuyé, sinon celui qui ne pense qu'à soi ?

Vinet.

22

On est heureux ou malheureux par une foule de choses qui ne paraissent pas, qu'on ne dit point et qu'on ne peut dire.

Chamfort.

L'amour du succès peut tuer l'amour du bien.

Mme E. de Pressensé.

23

Le matin, formez vos résolutions ; le soir, examinez votre conduite, ce que vous avez été dans vos paroles, dans vos actions, dans vos pensées.

Imitation de Jésus-Christ.

Il faut être doux et indulgent pour les actions humaines quand on peut supposer la pureté des intentions.

Jules Simon.

Juin

24

La vérité ne se lève pas comme le soleil, par son mouvement propre et sans effort humain ; il ne suffit pas de l'attendre pour l'apercevoir.

Stuart Mill.

Le meilleur des amis est celui qui avertit son ami quand il s'égare et qui le remet dans le bon chemin.

Giraud.

25

Le devoir est de toutes les heures, de tous les instants ; s'il s'interrompt, il cesse d'exister.

Ch. Rozan.

La vie heureuse, c'est la joie dans la vérité.

Saint Augustin.

26

Que de retours difficiles on s'épargnerait si l'on partait toujours d'où il faut !

P.-J. Stahl.

Plutôt supporter les maux que nous avons, que de courir vers d'autres que nous ne connaissons pas.

Shakespeare.

Juin

27

« Donner, c'est acquérir, enseigner c'est appren-
[dre »
Colardeau.

L'humilité est l'amour passionné du *mieux*, la source par conséquent d'où jaillit l'audace.
T. Colani.

28

Ce que nous devons à Dieu, c'est de l'aimer.
Lacordaire.

Quand on veut bien descendre dans son propre cœur, tout se comprend et s'excuse chez les autres.
J.-L. Micheli.

29

Est-il une plus noble influence que celle qui agit sur le caractère, et celui qui l'exerce n'accomplit-il pas une grande œuvre ?
Channing.

Qui sait tout souffrir, peut tout oser.
Vauvenargues.

30

Le grand point dans l'éducation c'est de rester maître de soi-même et de ne point aigrir les enfants.

Lobstein.

Nous ne voyons nos devoirs tels qu'ils sont que le jour où ils nous paraissent beaux et où nous commençons à les aimer.

A. de Gasparin.

Juillet

1

« Marche ! et que chaque jour te trouve à son
[aurore
« Plus près du but sacré, le flambeau dans la
[main.
« Agis ! le temps est court ; il se hâte et dévore
« Ce qui n'est pas réel, immortel et divin. »

Mme E. de Pressensé.

Etre ce qu'il doit être, est pour l'homme en même temps la définition du devoir et du bonheur.

Silvio Pellico.

2

Ce que peut la vertu d'un homme ne doit pas se mesurer par ses efforts, mais par ce qu'il fait d'ordinaire.

Pascal.

Il vaut presque mieux avoir le cœur joyeux que la vie heureuse. Le cœur joyeux supplée à tout.

Juillet

3

Les femmes impriment le sceau de leur caractère et de leurs mœurs à chaque génération nouvelle. Elles portent dans leurs faibles mains, avec le caractère du peuple qui s'élève, les destinées de la société.
Vinet.

« Pour que Dieu nous réponde, adressons-nous à lui. »
Alfred de Musset.

4

Il n'y a de durable que ce que consacre la raison, et il n'y a de triomphe que par le droit et la liberté.
Jules Favre.

Ne nous laissons ni trop abattre par le blâme, ni trop exalter par la louange.
Robertson.

5

On a de grands moments où l'on est digne d'enseigner. Toute parole alors porte coup, est sentie et reste ineffaçable.
Michelet.

Si l'on ne prend pas soin d'éviter les petits défauts, on tombera peu à peu dans les plus grands.
Imitation de Jésus-Christ.

— 6 —

Comment faire des âmes libres, si l'on ne fait des âmes fortes !
A. de Gasparin.

La plupart des hommes croient que ces mots : tout le monde pense et fait ainsi, doivent tenir à chacun lieu de raison et de conscience.
Mme de Staël.

— 7 —

Nous sommes faits pour la vérité, la justice et le bien. Il y a en nous un instinct qui les réclame.
Bautain.

Apportez à votre œuvre un esprit plein de foi. N'usez pas votre voix à gémir sur la corruption du siècle. Luttez pour le rendre meilleur.
Channing.

— 8 —

L'objet de l'éducation n'est pas de faire des machines, mais des personnes.
Paul Janet.

L'humilité ne consiste pas à se cacher ses talents et ses vertus, à se croire pire et plus médiocre qu'on n'est, mais à connaître clairement tout ce qui nous manque.
Lacordaire.

9

Nos résistances doivent être fondées sur la conscience et la raison et ne jamais présenter le caractère du caprice.

M. F.

Même avec ses douleurs, la vie est un bienfait, et ne fût-elle pas un bienfait, fût-elle une charge, puisqu'elle est un devoir, il faut aimer la vie.

P.-J. Stahl.

10

Rien ne déracine ou ne prévient mieux la superstition qu'une instruction solide.

Fénelon.

Malheur à qui ne se conduit pas d'après un idéal; il peut toujours être content de lui, mais il est toujours loin de tout ce qui est bon et vrai.

Maine de Biran.

11

La lutte de nos désirs avec nos devoirs étant l'affaire de la vie entière, il faut bien accoutumer l'enfant à la soutenir.

Mme Necker de Saussure.

La résignation est peut-être le genre de courage le plus rare.

Droz.

12

L'exactitude de l'esprit n'est point une servitude comme l'imagination la représente ; et si nous y trouvons d'abord quelque difficulté, nous en recevons bientôt des satisfactions qui nous récompensent abondamment de nos peines.

Malebranche.

Le plaisir que l'on prend vient surtout de celui que l'on donne.

Sauvage.

13

Dans tous les rangs de la vie, nul ne s'égare pour soi seul : on est la cause, on est l'auteur de l'égarement des autres.

Sénèque.

Les grandes lumières viennent de la bonté.

Henri Perreyve.

14

Il faut que la patrie soit sentie dans l'école.

Michelet.

S'il est « doux » de mourir pour la patrie, il ne l'est pas moins de vivre pour elle, de lui consacrer son temps, ses forces et le meilleur de son cœur.

Juillet

15

L'homme n'est pas maître de ses sentiments, mais il est maître de ses actions.

E. Legouvé.

La vie morale se dévoile progressivement à ceux qui pratiquent fidèlement le devoir tel qu'ils l'ont compris.

Ch. Secrétan.

16

Ce qu'on dit ne signifie rien si l'on n'a préparé le moment de le dire. Avant de semer, il faut labourer la terre.

J.-J. Rousseau.

L'ennui donne au caractère je ne sais quoi de désolé, d'aride, d'égoïste.

Ed. Scherer.

17

La conscience ne nous trompe jamais; elle est le vrai guide de l'homme; elle est à l'âme ce que l'instinct est au corps.

Vinet.

Rien n'empêche tant d'être naturel que l'envie de le paraître.

La Rochefoucauld.

Juillet

18

L'éducation doit mettre au jour l'idéal de l'individu.
Jean-Paul Richter

Le premier de nos devoirs, celui qui est la condition de tous les autres, c'est de devenir bons afin de pouvoir faire le bien.
Ernest Naville.

19

Le moindre défaut d'attention peut nous faire perdre tout le progrès que nous avons fait dans l'étude de la sagesse. Veillons donc.
Epictète.

Le plus grand ennemi de la femme, c'est l'ennui.
Paul Janet.

20

Donner la vie morale à ceux qui sont tombés, c'est plus que de faire sortir les morts de leurs tombeaux.
Channing.

On n'est pas moins injuste en ne faisant pas ce qu'on doit faire, qu'en faisant ce qu'on ne doit pas faire.
Marc-Aurèle.

Juillet

21

Il ne faut point éviter ceux qu'on veut vaincre. La lutte ne doit jamais avoir pour but que la paix.

P.-J. Stahl.

Si nous avions toujours le cœur ouvert pour voir le bien que Dieu destine à chacun de nos instants, nous aurions assez de force aussi pour porter le mal quand il arrive.

Gœthe.

22

Nous avons besoin à la fois, de variété et de régularité.

Doudan.

Le sentier du bonheur est quelque part ; cherchons-le, et nous le trouverons presque toujours tout près de nous, — si près qu'il avait échappé à nos regards.

M. E. Wormeley.

23

Ne parlez pas d'une chose que vous ne voudriez pas avoir dite le lendemain.

Pensée arabe.

Il est bon de se demander à la fin de chaque jour : Qu'ai-je fait de mal ? Qu'ai-je dit, pensé ou senti ? Qu'ai-je fait de bien ?

Th. Parker.

24

Toute vie est une profession de foi et exerce une propagande inévitable et silencieuse ; elle tend à transformer autant qu'il dépend d'elle l'univers et l'humanité à son image. Ainsi nous avons tous charge d'âmes.
Amiel.

On a toujours du loisir quand on sait s'occuper.
Mme Roland.

25

Les deux mots les plus courts à prononcer, *oui*, et *non*, sont ceux qui demandent le plus d'examen.
Pythagore

Le plus libre des hommes est celui qui n'est soumis qu'à Dieu et à la raison.
Fénelon.

26

Quand ma conscience m'accuse, me condamne, me châtie, l'univers entier n'a ni le droit ni le pouvoir de m'absoudre.
Ath. Coquerel.

Seuls les cœurs qui ont été purifiés par la douleur sont capables de bonheur. Ceux qui n'ont pas souffert demandent trop aux autres tout en donnant peu.
Sacher-Masoch.

Juillet

— 27 —

Si tu es malheureux, console-toi en prenant part aux malheurs des autres ; plus tu entreras dans les douleurs des autres, plus la tienne te semblera légère.

Dieterlen.

La pitié est la meilleure et la plus noble passion du genre humain.

Hume.

— 28 —

Il faudrait dire à l'enfant le moins possible et lui faire trouver le plus possible.

Herbert Spencer.

Pour convaincre, il suffit de parler à l'esprit ; pour persuader, il faut aller jusqu'au cœur.

D'Aguesseau.

— 29 —

A quoi sert la vérité, si ce n'est à enseigner à l'homme comment il doit vivre !

Robertson.

Etre gai, en dépit des difficultés de sa situation, n'est-ce pas imiter le soleil qui luit sur les objets les moins enchanteurs, dans les lieux les plus tristes !

Juillet

30

La vraie liberté, c'est pouvoir toute chose sur soi.

Montaigne.

Toutes les facultés de l'homme sont solidaires, et il est difficile de mieux connaître le bon, le beau, le vrai, sans les aimer davantage.

Laboulaye.

31

Ne remettez jamais à demain ce que vous pouvez faire aujourd'hui.

Franklin.

La région calme du devoir est supérieure à celle des craintes et des espérances.

Mme Necker de Saussure.

Aout

1

Ne nous lassons pas de jeter sur notre route des semences de bienveillance et de sympathie. Sans doute, il en périra beaucoup, mais s'il en est une qui lève, elle embaumera notre route et réjouira nos yeux.

Mme Swetchine.

L'oisiveté fait plus de mal que la journée la plus rude.

Chatterton.

2

Il faut craindre que l'ambition ne soit la couverture de l'orgueil, mais il faut craindre aussi que la modestie ne soit qu'un prétexte à la paresse.

Jules Simon.

Ne te préoccupe point du désir d'attirer les regards, tu ne parviendrais qu'à te montrer avec effort inférieur à ce que tu es.

Mme Guizot.

3

Gardons-nous d'offenser des opinions sincères, lors même que nous ne les partageons point. Mais ne laissons pas entamer les nôtres lorsqu'elles touchent à la conscience.

M. F.

Une seule pensée reconnaissante levée vers le ciel est la plus fervente prière.

Lessing.

4

Il faut qu'un enfant sache qu'on lui pardonnera plutôt vingt fautes qu'un simple déguisement de la vérité.

Rollin.

Quiconque a détruit un préjugé, un seul préjugé, est un bienfaiteur du genre humain.

Chamfort.

5

Une vie sévère et occupée est le premier préservatif de tous les périls.

Mme Roland.

Ne rien faire n'est pas toujours perdre son temps ; faire négligemment ce qu'on fait est sûrement le perdre

Mme Swetchine.

Août

6

Quand nous creusons dans la vérité pour la pénétrer, elle creuse aussi en nous pour entrer dans la substance de notre âme. Alors seulement elle devient pratique.

Maine de Biran.

La bonne humeur met un rayon de soleil sur les fonds les plus noirs.

7

Les grandes influences générales ne se composent que des petites actions particulières. La contagion du bien n'est pas moins réelle que celle du mal.

E. Legouvé.

A mesure que l'on vit plus, on doit pardonner davantage.

La Harpe.

8

Pour faire écouter ce qu'on dit, il faut se mettre à la place de ceux à qui l'on s'adresse.

J.-J. Rousseau.

Il ne suffit pas d'être bon, il faut le paraître, il faut que la bonté soit aimable.

P.-J. Stahl.

9

L'homme ne vit pas de pain seulement, ôtez-lui le travail, son âme mourra de faim, mourra de lassitude et d'ennui.
A. de Gasparin.

Jamais le sentiment de nos faiblesses ne doit nous jeter dans le découragement.
Vauvenargues.

10

Dieu ne nous demande que ce qui dépend de nous.
Fénelon.

Une suite d'efforts patients, dirigés par une sage résolution, voilà le vrai moyen de progrès spirituel.
Channing.

11

Il faut que la sévérité bien ordonnée commence par soi-même.
Mme de Staël.

Il n'y a rien de meilleur pour l'âme que la confiance et l'ouverture. L'habitude de la taciturnité et de la concentration produit à la longue l'aigreur et la misanthropie.
P. Janet.

12

La première condition de toute bonne éducation est la régularité.
E. Legouvé.

Soyez doux et indulgents à tous ; ne le soyez pas à vous-même.
Joubert.

13

Le secret de toute influence, c'est la volonté.
Robertson.

Pour que la prière agisse efficacement sur l'âme, gardez vous de répéter chaque jour les mêmes paroles. Qu'elle ne devienne jamais un exercice routinier, mais qu'elle jaillisse du cœur et procède de la raison.
Zschokke.

14

On ne doit jamais rien détruire qu'on ne soit sûr de pouvoir remplacer avantageusement.
Plutarque

Les hommes ne s'attachent pas assez à ne point manquer les occasions de faire plaisir.
La Bruyère.

Août

15

Le christianisme n'honore pas simplement les vertus viriles : l'énergie, le courage, la force de volonté. Il fait une place tout aussi grande aux vertus plus spécialement féminines : la pureté, la douceur, la soumission, l'humble dévouement.

La femme est une fleur qui ne donne son parfum qu'à l'ombre.
Lamennais.

16

C'est faire beaucoup, que de faire bien ce que l'on fait.
Imitation de Jésus-Christ.

On n'a pas le droit de sacrifier un devoir prochain à un devoir plus éloigné, si beau et si grand qu'il soit.
Ernest Naville.

17

Prenez la résolution de faire ce que vous devez, et faites, sans y manquer, ce que vous avez résolu.
Franklin.

C'est en devenant plus malheureux qu'on apprend quelquefois à l'être moins.
Mme Swetchine.

Août

18

Celui-là a le mieux profité de sa leçon qui la pratique et non qui la retient.
Montaigne.

Se faire craindre ou se faire aimer, ce sont les deux routes qui se présentent à nous dans le monde.
Corne.

19

Il n'y a pas de satisfaction pareille à celle de rendre son semblable heureux.
Mme d'Epinay.

Tant que l'homme s'abstient du mal uniquement par peur, il n'a pas, à proprement dire, de moralité.
Bautain.

20

On doit penser à tous en agissant pour quelques-uns.
Channing.

Conserve pure ta conscience, et tu auras le soutien de la vie qui ne manquera jamais.
Lavater.

Août

— 15 —

Le christianisme n'honore pas simplement les vertus viriles : l'énergie, le courage, la force de volonté. Il fait une place tout aussi grande aux vertus plus spécialement féminines : la pureté, la douceur, la soumission, l'humble dévouement.

La femme est une fleur qui ne donne son parfum qu'à l'ombre.
Lamennais.

— 16 —

C'est faire beaucoup, que de faire bien ce que l'on fait.
Imitation de Jésus-Christ.

On n'a pas le droit de sacrifier un devoir prochain à un devoir plus éloigné, si beau et si grand qu'il soit.
Ernest Naville.

— 17 —

Prenez la résolution de faire ce que vous devez, et faites, sans y manquer, ce que vous avez résolu.
Franklin.

C'est en devenant plus malheureux qu'on apprend quelquefois à l'être moins.
Mme Swetchine.

18

Celui-là a le mieux profité de sa leçon qui la pratique et non qui la retient.

Montaigne.

Se faire craindre ou se faire aimer, ce sont les deux routes qui se présentent à nous dans le monde.

Corne.

19

Il n'y a pas de satisfaction pareille à celle de rendre son semblable heureux.

Mme d'Epinay.

Tant que l'homme s'abstient du mal uniquement par peur, il n'a pas, à proprement dire, de moralité.

Bautain.

20

On doit penser à tous en agissant pour quelques-uns.

Channing.

Conserve pure ta conscience, et tu auras le soutien de la vie qui ne manquera jamais.

Lavater.

Août

21

Celui qui a un grand sens sait beaucoup.

Vauvenargues.

Combien cela simplifie tout de suivre le chemin du devoir. Cela coupe court aux incertitudes, aux hésitations de tout genre.

22

L'erreur est un vice de l'intelligence, et il n'y a qu'une manière de ramener l'esprit humain, c'est de l'instruire et de l'éclairer.

Laboulaye.

Mettre un frein à sa langue! Le plus difficile des devoirs et l'un des plus importants.

Vinet.

23

La lecture est une force qui, faute d'être dirigée, peut nous égarer; mais, bien gouvernée, elle apporte une aide puissante à l'éducation de l'intelligence et du cœur.

Bary.

Ne fais pas toi-même ce qui te déplait dans les autres.

Thalès.

24

On ne parvient à rien de grand sans qu'il en coûte beaucoup.
Cicéron.

Les douleurs de la charité valent mille fois les joies de l'égoïsme ; aimer est la récompense d'aimer, aimer est la consolation d'aimer.
Vinet.

25

On fait des phrases parce qu'on n'a pas d'idées.
Condorcet.

La droiture morale est la meilleure sauvegarde de la rectitude intellectuelle.
Paul Stapfer.

26

Pour prendre en main la cause de la morale et pour parler en son nom, il faut montrer l'exemple d'une vie qu'elle ne désavouerait pas ; tant vaut l'homme, tant vaut la leçon.
Taxile Delord.

Afin que le sentiment du bonheur puisse entrer dans l'âme, ou du moins afin qu'il puisse y séjourner, il faut avoir nettoyé la place et chassé tous les maux imaginaires.
Fontenelle

Août

27

Aimer Dieu et en communiquer l'amour aux autres hommes, c'est exercer le culte parfait.
Fénelon.

L'ennui est le tombeau de tous les sentiments.
Mme du Deffand.

28

Où la colère a semé, c'est le repentir qui recueille.
Manzoni.

Celui qui fera son bonheur du bonheur des autres, sa joie, de la joie de tous ses semblables, celui-là sentira le prix de l'existence.
Ernest Naville.

29

Il faut former de bonne heure les enfants à une fermeté et une simplicité d'esprit qui aille droit au fait et s'attache à la réalité des choses.
Mme Guizot.

Ce n'est pas une âme forte que celle qui plie sous l'injure.
Sénèque.

Août

30

La vérité scientifique sera toujours plus belle que les créations de notre imagination et que les illusions de notre ignorance.

Claude Bernard.

Dites ce qui est vrai, faites ce qui est bien. Ce qui importe à l'homme est de remplir ses devoirs sur la terre, et c'est en s'oubliant qu'on travaille pour soi.

J.-J. Rousseau.

31

Il faut savoir vaincre les difficultés, il faut se garder de les faire naître.

M. F.

L'influence d'un mot dit à son heure n'est-elle pas incalculable?

Amiel.

Septembre

— 1 —

Le temps, c'est ce qui représente toutes les valeurs morales, intellectuelles et même spirituelles.
Mme Swetchine.

Toutes choses deviennent possibles pour celui qui les considère comme telles.
Channing.

— 2 —

Une vie oisive est une mort anticipée.
Gœthe.

Gardez-vous de jamais penser que vos peines soient perdues et que le combat silencieux de votre patient amour demeure stérile pour le monde.
Henri Perreyve.

Septembre

3

Il ne faut s'occuper du mal que pour en tirer du bien.
La Harpe.

Si un fond de bonne intention domine, tôt ou tard il y paraît dans la vie.
Bossuet.

4

L'intelligence n'est qu'un instrument au service de l'âme, ainsi elle ne vaut que par l'être moral qui l'emploie et, si belle et si forte soit-elle, elle se flétrit et s'éteint quand l'âme s'avilit.
Cucheval-Clarigny.

La charité consiste à juger bonnement d'autrui, sévèrement de soi-même.
Nicole.

5

On fait toujours volontiers ce qu'on aime ; si vous aimiez le bien, vous le feriez.
Vinet

Dans les âmes saines, bien remplies et bien occupées, l'ennui est un accident qu'un rien suffit à guérir : un sourire, une parole, un rayon de soleil.
P. Janet.

6

On songe plus à lire beaucoup qu'à lire utilement.

Rollin.

Il n'y a pas d'homme qui ne puisse être son propre juge, quand il le veut sincèrement.

Grimm.

7

La force du mal est, en ce monde, moins redoutable que la faiblesse du bien, et si les idées justes se déployaient hardiment, les principes faux n'auraient pas si beau jeu.

Guizot

Le découragement ne remédie à rien ; ce n'est qu'un désespoir de l'amour-propre dépité.

Fénelon.

8

Si je connais mes points forts et mes points faibles, je suis averti et préparé pour la lutte.

Th. Parker.

La vie n'est pas si aride que l'égoïsme nous l'a faite ; tout n'y est pas prudence, tout n'y est pas calcul.

Mme de Staël.

9

Un grand obstacle au bonheur, c'est de s'attendre à un trop grand bonheur.

Fontenelle.

Quand on accepte un mal avec courage, et qu'on consent à le subir, on le porte mieux et souvent on le domine.

Bautain.

10

Voir et sentir c'est être ; réfléchir c'est vivre.

Shakespeare.

On ne s'obstine souvent au mal que par le faux orgueil de rebrousser chemin.

11

Le passé surtout est à nous. Nous ne comprenons la signification de nos joies et de nos douleurs qu'en les regardant à distance.

Robertson

Il ne faut jamais désespérer de son bonheur quand on peut faire celui d'un autre.

Sauvage.

Septembre

12

Prendre la vie simplement est une grande science ou plutôt un grand bonheur. Un plus grand bonheur encore, c'est d'être disposé à la prendre du bon côté. Le côté de l'ombre et celui du soleil se retrouvent en toutes choses : il s'agit de savoir choisir.

M. F.

La bonne conscience ne coûte jamais ce qu'elle vaut.

Petit-Senn.

13

Ceux qui ont le plus de défauts sont les premiers à remarquer ceux des autres.

F. Bacon

Plus on ôte à l'amour-propre, plus il s'efforce de reprendre d'une main ce qui échappe de l'autre.

Bossuet.

14

Partout où Dieu nous appelle à travailler, travaillons avec courage, ne regardant pas trop haut ni trop loin ; travaillons comme le mineur qui s'attaque, avec son petit marteau, aux immenses rochers métallifères.

J.-L. Micheli.

Aimer ses semblables, c'est l'unique ressource contre le vide, l'inquiétude et l'ennui.

Mirabeau.

15

Le seul acte de la vie de l'homme qui atteigne toujours son but, c'est l'accomplissement de son devoir.

Mme de Staël.

Le principe de l'extrême tristesse réside en nous-mêmes plus que dans les choses.

Paul Bourget.

16

Nul n'est parfait, tous ont leurs défauts; chaque homme pèse sur les autres et l'amour seul rend ce poids léger. Si vous ne pouvez supporter vos frères, comment vous supporteront-ils ?

Lamennais.

« L'épreuve est salutaire alors qu'elle rend fort. »

Louisa Siefert.

17

Je ne trouve aucune qualité si aisée à contrefaire que la dévotion, si on n'y conforme les mœurs et la vie.

Montaigne.

On ne fait son bonheur qu'en s'occupant de celui des autres.

Bernardin de Saint-Pierre.

18

Il ne faut pas mépriser les petits défauts. Il n'est si petit ennemi qui ne puisse nuire à la longue.

P.-J. Stahl.

Notre vie présente est le creuset laborieux d'où doit sortir notre vie future.

Lacordaire.

19

Apprenons à subordonner les petits intérêts aux grands et faisons généreusement et sans compter tout le bien qui tente nos cœurs.

Vauvenargues.

Le bonheur n'est pas le devoir, mais il est le résultat du devoir accompli.

Ernest Naville.

20

Le but de la morale, c'est la pratique, c'est l'action.

Bautain.

N'est-ce pas abuser des dons de Dieu que de les laisser oisifs et inutiles au fond de soi ?

Maurice de Guérin.

21

Vivre et aider à vivre, vivre en homme, en être immortel, voilà le devoir.

Ath. Coquerel.

Dieu a mêlé l'amitié à la vie pour y répandre la joie, l'agrément et la douceur.

Plutarque

22

Une volonté énergique fait beaucoup de peu, donne de la puissance à des instruments faibles, désarme la difficulté et souvent même en fait un secours.

Channing.

Partout où l'on peut vivre, on peut bien vivre.

Marc-Aurèle.

23

La plus grande faute que l'on puisse commettre en éducation, est de trop se presser.

J.-J. Rousseau.

Rien ne nous déshabitue du travail réel comme le désœuvrement occupé.

A. de Gasparin.

Septembre

24

Nous n'arrivons à rien que par la volonté, mais la volonté a besoin d'un aiguillon ; de toutes les forces de notre âme, c'est celle qui se rouille le plus vite quand on n'en use pas.

Laboulaye.

Nous devons supporter avec patience ce que nous ne pouvons changer ni en nous-mêmes ni dans les autres.

Imitation de Jésus-Christ.

25

La conviction sincère est confiante et calme.

Jules Simon.

Nous ne sommes jamais plus mécontents des autres que lorsque nous sommes mécontents de nous.

Amiel.

26

Celui qui pour donner ne s'est point imposé de privations, n'a fait qu'effleurer les joies de la charité.

Mme Swetchine.

Un cœur égoïste ne peut échapper au tourment de l'ennui.

Gœthe

Septembre

27

Ne parlez de certaines choses que de l'abondance du cœur. L'abus des paroles de piété est ce qu'il y a de plus propre à affaiblir dans le cœur les sentiments qu'elles expriment.

Vinet.

Savoir obéir n'est pas une faiblesse, c'est une grande force.

P. Janet.

28

La route du précepte est longue, celle de l'exemple est courte.

Sénèque.

Il n'y a pas de terrain plus glissant que celui de la fausseté : dès que l'on a fait un seul pas, on est entraîné de chute en chute.

Mme de Montolieu.

29

L'impatience ne délivre d'aucun mal ; au contraire c'est un mal très cuisant que l'on ajoute à tous les autres pour s'accabler.

Fénelon.

L'ambitieux est, par essence, mécontent de tout ce qu'il possède.

Maine de Biran.

30

Rien n'est une excuse pour agir contre ses principes.

Mme de Staël.

Dieu a placé de bien rudes épreuves sur cette terre, mais il a créé le travail; tout est compensé.

E. Legouvé.

Octobre

1

L'éducation, c'est la science de la vie, c'est l'art de bien vivre.

Laboulaye.

Le livre est, après la pensée, la chose la plus intime de la vie, c'est-à-dire ce qu'il y a de pire s'il ne vaut rien, ce qu'il y a de meilleur s'il est bon.

P.-J. Stahl.

2

Il est nécessaire de bien connaître les défauts de celui qu'on instruit.

Nicole.

Le défaut de douceur ne peut se compenser dans une femme par aucune autre vertu.

Miss Edgeworth.

Octobre

— 3 —

Nous avons besoin d'harmonie dans notre nature intérieure. Nous avons besoin d'une piété qui soit tout à la fois éclairée et fervente et qui puisse obtenir l'approbation de l'intelligence.

Channing.

Le bonheur consiste à faire le bien.

Aristote.

— 4 —

Il faut aimer les enfants pour les comprendre, et on les devine moins bien par l'intelligence que par le cœur.

Mme Necker de Saussure.

Il y a des natures lugubres qui ont toujours l'air de s'offrir en sacrifice.

— 5 —

Ce n'est pas assez de faire des pas qui doivent un jour conduire au but; chaque pas doit être lui-même un but en même temps qu'il nous porte en avant.

Gœthe.

Supporter et se supporter, c'est la plus sage des choses.

Eugénie Guérin.

6

Le reproche fait mal à propos n'est pas moins nuisible que la louange non méritée. Il faut savoir tempérer la sincérité par la douceur.

Plutarque.

Rien ne ressemble à l'orgueil comme le découragement.

Amiel.

7

L'éducation seule peut corriger le naturel et l'habitude le soumettre.

F. Bacon.

La sérénité que répand dans l'âme une conscience pure dispose naturellement à la bienveillance ; rien n'empêche davantage d'être bon pour les autres que d'être mal à l'aise avec soi-même.

Balzac.

8

C'est la profonde ignorance qui inspire le ton dogmatique ; celui qui ne sait rien croit enseigner aux autres ce qu'il vient d'apprendre lui-même.

La Bruyère.

Les pensées futiles font les esprits inférieurs. Les pensées sérieuses font les âmes fortes.

Leblond.

Octobre

9

Une des manières les plus sûres et les plus efficaces de combattre le mal en nous, c'est de développer, d'alimenter, de fortifier les bons penchants qui existent simultanément avec lui.

Mme Swetchine.

Pour savoir ce que c'est que le bonheur, il faut aimer, il faut vivre dans les autres.

Godwin.

10

La raison peut nous avertir de ce qu'il faut éviter ; le cœur seul dit ce qu'il faut faire.

Joubert.

Il faut renoncer à tout savoir, à tout vouloir, à tout embrasser ; il faut s'enfermer quelque part, se contenter de quelque chose, se plaire à quelque œuvre.

Amiel.

11

Il faut allier, par un sage tempérament, une force qui retienne les enfants sans les rebuter et une douceur qui les gagne sans les amollir.

Rollin.

Tous les cœurs dévoués, tous ceux qui pratiquent la vertu du sacrifice portent les fardeaux des autres.

Ernest Naville.

Octobre

12

Ne raisonnez jamais sèchement avec la jeunesse. Faites passer par le cœur le langage de l'esprit.

J.-J. Rousseau.

La vraie fermeté est douce, humble et tranquille.

Fénelon.

13

Il faut, empruntant son courage au sentiment même des difficultés et des obstacles qui nous entourent, y trouver les moyens de combattre ce que l'on redoute, et de vaincre ce que l'on déplore.

E. Legouvé.

La conscience est une parole divine adressée à l'humanité tout entière.

Ch. Secrétan.

14

L'éducation ne peut rien sans l'exemple.

P. Janet.

Comme un arbre fertilisé par ses feuilles sèches qui tombent croît ainsi à ses propres dépens, de même l'âme de l'homme grandit de toutes ses espérances détruites et de toutes ses affections brisées.

Robertson.

Octobre

15

L'expérience est la démonstration des démonstrations.

Vauvenargues.

Ce qu'il faut éviter avant tout, c'est de se savoir bon gré d'être mécontent de la vie.

M. F.

16

Ne forcez pas votre conscience à ne pas voir ce qu'elle voit, ni à approuver ce qu'elle doit condamner.

Ath. Coquerel.

Les pensées morales sont des clous d'airain qu'on s'enfonce dans l'âme et qu'on n'en peut arracher.

Diderot.

17

Par l'action de la parole, la vie morale est excitée, pénétrée, fécondée. Celui qui enseigne stimule les esprits, les excite à considérer, à réfléchir.

Bautain.

Il faut réconcilier son cœur avec ses lumières, ses devoirs avec ses plaisirs et arriver, par là, à la paix du cœur.

Maine de Biran.

18

Celui qui veut sérieusement arriver au but, risque peu de manquer le chemin ; la conscience, à l'ordinaire, parle assez distinctement à quiconque veut l'écouter.

Vinet.

La douceur est la grande amie et la compagne inséparable de la charité.

Saint François de Sales

19

Celui qui n'est pas son maître, n'est le maître de personne.

P.-J. Stahl.

L'affliction ne nous agrandit que si elle produit la résignation, et si la résignation est suivie d'une activité parfaite.

T. Colani.

20

Peu importe quels devoirs chacun est appelé à remplir ; peu importe qu'ils semblent petits et obscurs. La grandeur aux yeux de Dieu ne gît pas dans la sphère où on agit.

Channing.

Il n'y a pas de moyen plus sûr de gagner l'affection des autres que de leur donner la sienne.

J.-J. Rousseau.

21

Dieu est la loi éternelle parce qu'il est la souveraine raison.
Saint Augustin.

Que nous le voulions ou que nous ne le voulions pas, la conscience prononce en nous, pour nous ou contre nous, des arrêts contre lesquels il nous est impossible de protester.
Lamartine.

22

Pour devenir habile en quelque profession que ce soit, il faut le concours de la nature, de l'étude et de l'exercice.
Aristote.

Nulle vertu ne s'aide de la fausseté.
Montaigne.

23

Rien ne sied moins que la colère à l'homme qui punit; la colère est un délit de l'âme, et l'on ne doit pas corriger une faute par une autre.
Sénèque.

Les devoirs qui ne plaisent que parce qu'ils consolent, ne plaisent pas longtemps.
Massillon.

Octobre

24

Comptez vos ressources, voyez ce que vous n'êtes pas capable de faire et cessez de désirer l'accomplir ; mais apprenez ce que vous *pouvez* faire, et faites-le avec une virile énergie.

Robertson.

Le travail seul peut remplir le vide de l'âme.

D'Arconville.

25

Rendez-vous complètement maître de ce que vous venez d'apprendre, et apprenez toujours à nouveau. Vous pourrez alors devenir un instituteur des hommes.

Confucius.

L'amitié est le plus parfait des sentiments de l'homme parce qu'il en est le plus libre.

Lacordaire.

26

Il est plus facile d'être sage pour les autres que pour soi-même.

La Rochefoucauld.

Pour consentir à faire de la peine à quelqu'un il faut être convaincu que c'est bien nécessaire.

27

Tout ce qui s'est fait de grand dans le monde s'est fait au cri du devoir ; tout ce qui s'y est fait de misérable s'est fait au nom de l'intérêt.

Lacordaire.

Toute victoire sur soi-même, si elle ne tourne pas au profit de l'orgueil, tend à rendre d'autres victoires plus aisées.

M. F.

28

Dieu ne demande aux hommes que leur amour. C'est la fin de tout ce qu'il leur commande.

Nicole.

La mesure de notre bonheur intérieur n'est souvent que la mesure de nos progrès.

Mme Swetchine.

29

Qu'y a-t-il de moins propre à l'enseignement que les intelligences inactives ? L'instruction confiée à la seule mémoire ne se transmet guère.

Mme Necker de Saussure.

Il faut croire n'avoir rien fait, tant qu'il reste quelque chose à faire.

Roederer.

Octobre

30

Il faut surtout dégager, diriger et fortifier la volonté, qui est le levier et le point d'appui des forces humaines.

Augustin Cochin.

Les lumières véritables sont la meilleure garantie de la morale.

Mme de Staël.

31

Une ferme volonté trouve du temps ou en crée.

Channing.

Sans vous perdre dans les calculs amers d'un avenir ignoré, appliquez-vous à bien commencer et à bien achever chaque jour, car *à chaque jour suffit sa peine.*

Henri Perreyve.

Novembre

1

Je possède un livre d'or où ma reconnaissance inscrit les noms de ceux dont la vie, les paroles ou les écrits ont agi puissamment sur mon âme. Je me retrempe dans le souvenir de leur héroïsme ou de leur obéissance Entre le mal et moi, je vois s'interposer leur voix ou leur regard et… « je crois à la communion des saints. »

V. S.

C'est la pureté, la sainteté, l'infatigable dévouement des âmes d'élite qui forme la meilleure part du trésor moral de l'humanité.

2

Qui pense aux morts? Qui sait vivre avec eux? Heureuses les âmes nourries de l'invisible comme du visible, qui conservent la mémoire et l'amour de ceux qui ne sont plus ici.

Gratry.

Qu'est-ce que la mort pour ceux qui, tout en pleurant auprès d'une tombe, croient fermement à la vie, à la permanence du *moi*? C'est une séparation d'un jour à peine.

3

Celui qui parle doit avoir une idée nette de ce qu'il veut dire, et il doit se servir de termes qui portent dans l'esprit des auditeurs une notion distincte.

Rollin.

L'homme dont la conscience est pure, est content en quelque état qu'il soit et demeure paisible, quelque traitement qu'on lui fasse.

Imitation de Jésus-Christ.

4

La religion ne consiste pas dans une scrupuleuse observation de petites formalités ; elle consiste pour chacun dans les vertus propres de son état.

Fénelon.

Quels ont été dans votre vie les moments de vrai bonheur ? Ne sont-ce pas ceux où vous vous êtes oubliés pour autrui ?

Vinet.

5

La dureté et la sévérité ne sauraient convenir aux hommes, en quelque état qu'ils se trouvent.

Vauvenargues.

Sitôt qu'il faut voir par les yeux des autres, il faut vouloir par leurs volontés.

J.-J. Rousseau.

6

Si j'ignore mes devoirs par ma faute, si je n'ai pas voulu m'en instruire, si j'ai négligé de reconnaître mes obligations et d'être renseigné sur les exigences de mon état, je deviens responsable et coupable de tout le mal qui peut sortir de cette ignorance.

Bautain.

Détruire le mal, tel est le but du bon combat de la vie.

Ernest Naville.

7

Avec de l'ordre et du temps, on trouve le secret de tout faire et de tout bien faire.

Pythagore.

Par-dessus toutes choses, soyez bons; la bonté est ce qui désarme le plus les hommes.

Lacordaire.

8

Celui-là seul est digne de la liberté qui sait chaque jour se la conquérir.

Gœthe.

Demandez-vous compte du sentiment qui domine votre vie, et vous saurez ce qu'elle vaut.

A. de Gasparin.

Novembre

9

Arrosez les plantes les plus précieuses et les plus délicates. La petite pousse que vous avez plantée avec vos larmes sera un jour un grand arbre.

Th. Parker.

Le cœur a ses raisons que la raison ne connaît pas.

Pascal.

10

Il est des caractères dont on peut tout attendre, en ne paraissant pas douter d'eux.

Mme Cottin.

Si la vanité ne renverse pas entièrement les vertus, du moins elle les ébranle toutes.

La Rochefoucauld.

11

Une foi véritable qui aspire à quelque chose de meilleur, qui entrevoit la perfection dans le lointain, qui nous promet des progrès proportionnés au sérieux de nos travaux, donne de l'énergie à la volonté, donne des ailes à l'âme.

Channing.

Dieu éclaire ceux qui pensent à lui et qui lèvent les yeux vers lui.

Joubert.

Novembre

12

On ne communiquerait pas à l'enfant la plus simple idée si l'on attendait qu'il fût en état de la comprendre.

P. Janet.

Les âmes nées pour le bien ne tombent pas en vain dans le mal; leur impunité même leur sert de remords.

E. Legouvé.

13

Pourquoi vous plaindre de votre rôle; pourquoi le trouver trop borné, trop humble? Restez où Dieu vous a mis et portez les fruits qu'il vous demande.

Mme Swetchine.

Sois fidèle dans les moindres choses. Fixe ton attention sur ce que tu fais, comme si tu n'avais que cela seul à faire.

Lavater.

14

Lorsqu'on part d'une erreur, on n'arrive jamais à la vérité.

Jouy.

L'opinion du prochain est un miroir dans lequel nous apprenons à nous connaître. Cela nous rend humbles quand le bien et le mal qu'il y a à dire sur notre compte nous sont également révélés.

Robertson.

15

Quand un maître trouve quelque chose à corriger, qu'il ne soit ni amer ni offensant. Rien ne donne aux enfants autant d'aversion pour l'étude que de se voir continuellement repris avec un air chagrin.

Quintilien.

L'habitude, mise au service du bien, est une des grandes forces de notre faiblesse.

Vinet.

16

Il est aisé d'être en certains moments héroïque et généreux ; ce qui coûte, c'est d'être constant et fidèle.

Massillon.

La force qui nous est le plus nécessaire, c'est l'empire sur nous-même.

Lebstein.

17

La vérité morale se dévoile progressivement à ceux qui pratiquent fidèlement le devoir tel qu'ils l'ont compris.

Ch. Secrétan.

Il faut que celui qui reçoit sente que c'est un cœur fraternel qui lui donne.

P.-J. Stahl.

Novembre

18

Tout ce que la terre donne et tout ce qui s'appelle bonheur, n'est qu'un jouet du sort; ce que nous *sommes*, cela seul nous appartient.
Lavale.

L'automne de la vie ne recueille que ce que chaque jour a semé.
Gratry.

19

L'esprit se nourrit et se fortifie par les sublimes vérités que l'étude lui fournit.
Rollin.

L'âme n'est jamais forte que lorsqu'elle est éclairée.
Voltaire.

20

Le sage a honte de ses défauts, mais n'a pas honte de s'en corriger.
Confucius.

Quoi de plus beau que de faire l'enquête de toute la journée ! Quel sommeil que celui qui succède à cette revue de nos actions !
Sénèque.

21

Si notre petite lampe donne toute sa lumière, c'est toujours autant de ténèbres de moins dans ce monde, quelque petit que soit le coin qu'elle éclaire.

Miss Wetherell.

A côté du courage qui agit, il y a le courage qui accepte.

Mgr Landriot.

22

L'éducation n'est pas l'enseignement forcé, mécanique auquel on soumet des intelligences qui restent passives ; c'est l'influence vivifiante que des âmes bien douées exercent sur l'esprit de la jeunesse.

Channing.

Ne laissez pas croître l'herbe sur le chemin de l'amitié.

Mme Geoffrin.

23

La solidité d'une construction est en raison de la somme de vertu, c'est-à-dire de sacrifices qu'on a déposée en ses fondements.

E. Renan.

L'egoïsme et l'orgueil sont presque inévitables chez l'être qui n'a pas consacré sa vie à un objet supérieur à lui.

Mme Necker de Saussure.

24

Si les hommes ne sont pas libres dans ce qu'ils font de bien et de mal, le bien n'est plus bien, et le mal n'est plus mal.

Fénelon.

La gaieté, c'est l'entrain, c'est la disposition radieuse et bien portante de l'âme, c'est une élasticité qui se renouvelle aux vives sources et que les lassitudes de la vie n'ont pu briser.

A. de Gasparin.

25

Notre dignité vraie consiste également soit à nous éloigner de tout ce qui a quelque apparence de mal, soit à nous en approcher quand nous avons l'espoir de le guérir. Ce qui doit rester fermé à la curiosité s'ouvre devant la charité.

M. F.

L'humanité m'ordonne de présumer plutôt le bien que le mal.

Bossuet.

26

Qui n'aspire plus à rien, qui n'apprend rien, n'est pas digne de vivre.

Feuchtersleben.

La raideur n'est que la fausse monnaie de la force.

P.-J. Stahl.

Novembre

27

Châtier étant en colère, ce n'est plus correction, c'est vengeance.
Montaigne.

La conscience est d'autant plus délicate qu'elle est plus pure.
Bautain.

28

Discerner le bien du mal, toute la science de la vie est là. Or, ce discernement ne vient que de la raison. Le cœur même n'est pas un juge irrécusable.
P. Janet.

Obéir, c'est savoir se commander, c'est s'imposer une obligation quelquefois dure à accomplir.
Gasc.

29

Dans la carrière de l'éducation, hâtez-vous lentement.
Miss Edgeworth.

Nous avons bien de la peine à n'être pas de l'avis de notre amour-propre.
Amiel.

Novembre

30

« Que ton pied sur le sol laisse une noble em-
[preinte,
« Et peut-être, suivant tes sentiers après toi,
« Quelque esprit agité par le doute et la crainte
« Retrouvera l'espoir, le courage et la foi. »

Mme E. de Pressensé.

Ne faisons rien machinalement. Quoi que nous fassions, allons-y de bon cœur.

Lobstein.

DÉCEMBRE

1

On ferait beaucoup plus de choses si l'on en croyait moins d'impossibles.

Malesherbes.

La bonne grâce, l'amabilité, c'est l'huile qui adoucit tous les ressorts de la vie.

P.-J. Stahl.

2

L'ignorance est la plus dangereuse des maladies et la cause de toutes les autres.

Bossuet.

La vie morale consiste à changer ce qu'on trouve mal en soi-même et tout autour de soi.

Ch. Secrétan.

Décembre

— 3 —

On ne respecte pas celui qui s'agite ; le calme seul est imposant.
Mme de Staël.

L'immortalité commence ici-bas. C'est maintenant qu'il faut jeter la semence qui doit se développer à jamais.
Channing.

— 4 —

La présomption se trouve chez les esprits bornés, étroits ; jamais on ne la rencontre chez les esprits nets et bien doués.
Gœthe.

La paix sur le front et dans les regards d'une femme a une inconcevable puissance.
Vinet.

— 5 —

C'est un grand bonheur pour les enfants de trouver des maîtres dont la vie soit pour eux une instruction continuelle, dont les actions ne démentent jamais les leçons ; qui fassent ce qu'ils conseillent et évitent ce qu'ils blâment.
Rollin.

La modestie n'est que de l'esprit de comparaison.
Béranger.

Décembre

6

Donnez du peu que vous avez à ceux qui ont encore moins.
Lacordaire

Ne soyons pas découragés, ce serait-être vaincus.

7

Le salut de tous est dans l'harmonie sociale et l'anéantissement de l'esprit de parti.
Mirabeau.

Supportez les défauts de vos amis comme vous supportez les vôtres.
Fénelon.

8

Vivre, c'est agir ; pour qui ne fait rien de son existence, l'existence n'est rien.
Mme Guizot.

En religion nous ne tombons dans les formes que lorsque la réalité nous manque.
A. de Gasparin.

Décembre

— 9 —

Des reproches trop réitérés ont la tendance fâcheuse d'aigrir le caractère, de l'écraser sous le poids d'une sévérité habituelle.

Mme Swetchine.

La faiblesse de l'âme entretient sa perpétuelle agitation.

Mrs. Hoare.

— 10 —

La part de la femme est marquée dans toutes les sphères de l'activité humaine.

Ernest Naville.

Le bonheur consiste principalement à s'accommoder à son sort, à vouloir être ce qu'on est.

Erasme.

— 11 —

En certaines choses il vaut mieux être trompé qu'être en défiance.

Sénèque.

Nous sommes citoyens du monde et comme tels nous devons partager ses devoirs, ses dangers, ses tristesses et ses joies.

Robertson.

Décembre

12

Ne te ménage ni la tranquille douceur d'une paix égoïste, ni la cruelle jouissance de contempler l'orage du haut des rochers; ouvre ton cœur, parle selon ta conscience et apporte à la reconstruction de l'édifice ta part de souffrances, de courage et d'espoir.

Henri Perreyve.

Le temps a quelquefois gâté les meilleures résolutions.

Vauvenargues.

13

L'homme n'est pas lui-même, l'homme n'est pas ce qu'il doit être, quand il oublie que la loi de son existence c'est le progrès dans la vie présente et dans la vie à venir.

Ath. Coquerel

Pour apprendre à être juste, il faut sortir de soi-même et de ses impressions.

M. F.

14

Il ne faut pas croire que le seul et le meilleur emploi du temps consiste dans un travail d'esprit réglé, soutenu et tranquille. Toutes les fois que nous agissons bien, conformément à notre situation actuelle donnée, nous faisons un bon usage de la vie.

Maine de Biran.

« Un pas hors du devoir peut nous mener bien [loin. »

Th. Corneille.

15

L'âme qui s'est éloignée de la source de son être ne connaît plus ce qu'elle est.

Bossuet.

Sans la poursuite d'un but idéal, toute vie devient inévitablement insipide.

T. Colani.

16

Il faut régler l'habitude ; elle influe plus sur nos actions que le tempérament.

F. Bacon.

Les difficultés sont faites pour exciter et non pour décourager. L'esprit humain doit se fortifier dans la lutte.

Channing.

17

Les défauts des femmes sont produits ou accrus par leur ignorance ; avoir l'esprit vide et à la fois actif, quel danger !

Vinet.

Vivre les uns par les autres, vivre les uns pour les autres, vivre dans tous et dans chacun, comme on sent chacun de ses semblables vivre en soi, telle est la destinée vraie de l'homme.

Benjamin Constant.

Décembre

18

Un sacrifice volontaire laisse toujours après soi, dans l'âme qui se l'impose, quelque chose de fortifiant.

E. Legouvé.

Quand on se plaint de la vie, c'est presque toujours parce qu'on lui a demandé l'impossible.

E. Renan.

19

Quiconque met le bien-être avant le devoir, est incapable d'indépendance.

A. de Gasparin.

Le vrai courage est une des qualités qui supposent le plus de grandeur d'âme.

Vauvenargues.

20

« Ceux qui vivent, ce sont ceux qui luttent ; ce sont
« Ceux dont un dessein ferme emplit l'âme et le front,
« Ceux qui d'un haut destin gravissent l'âpre cime,
« Ceux qui marchent pensifs, épris d'un but sublime. »

Victor Hugo.

La paresse consume insensiblement toutes les vertus.

La Rochefoucauld.

21

On ne peut pas faire du bien à tous, mais on peut témoigner de la bonté à tous.

Rollin.

Il faut se piquer d'être raisonnable, mais non pas d'avoir raison ; de sincérité, mais non pas d'infaillibilité.

Joubert.

22

Il est de l'essence du bien d'être indestructible, et alors même qu'il est invisible, de croître et de se répandre toujours.

P.-J. Stahl.

Le bonheur est incertain et passager ; le devoir seul est certain et éternel.

Feuchtersleben.

23

Perdre le temps, c'est commettre un vrai suicide.

Young.

Que chacun essaie de procurer au moins à un seul individu le bonheur pour lequel Dieu l'a créé.

Channing.

Décembre

24

Vivre sans but, c'est vivre à l'aventure.
Sénèque.

Allez, marchez, avancez. Ayez dans les yeux la clarté de l'aurore. Ayez en vous la vision du droit, la bonne résolution, la volonté ferme, la conscience qui est le grand conseil. Ayez en vous ces deux choses qui sont l'expression du plus court chemin de l'homme à la vérité, la certitude dans l'esprit, la droiture dans le cœur.
Victor Hugo.

25

Plus de lumière ! c'est le cri de l'âme humaine : ce cri, personne ne l'étouffera, car la lumière c'est pour l'âme plus qu'un besoin et qu'un droit, c'est la vie.
Laboulaye.

« Je suis la lumière du monde ; celui qui me suit ne marche point dans les ténèbres », dit Jésus-Christ. Il nous engage, par ces paroles, à suivre toujours son exemple si nous voulons être vraiment éclairés.
Imitation de Jésus-Christ.

26

Qu'est-ce que l'homme s'il n'a pas consolé l'homme, s'il n'a pas combattu le mal sur la terre !
Mme de Staël.

La bonté ouvre les cœurs les plus rebelles.

Décembre

27

Quand nous agissons en toute sincérité, sans inquiétude d'esprit, en général nous agissons bien.

Bautain.

Nous savons ce que nous sommes, nous ne savons pas ce que nous serons.

Shakespeare.

28

Nos émotions s'usent, nos sentiments, notre imagination vont s'affaiblissant, nos rêves s'évanouissent, notre travail seul demeure.

Robertson.

L'important est, non que la vie soit longue, mais qu'elle soit bien employée.

Mlle H. Hollard.

29

Notre âme est changeante par cela même qu'elle est progressive.

Emilio Castelar.

Vivre, c'est marcher vers la mort ; mourir, c'est entrer dans une vie éternelle.

Nicole.

Décembre

30

Vous ne pouvez pas tout, faites ce que vous pouvez ; regardez au devoir beaucoup plus qu'au succès.
Vinet.

La charité n'est pas un acte, c'est une vie.
Lobstein.

31

L'homme qui a aidé imperceptiblement à l'œuvre du monde a vécu.
Amiel.

Oh ! puisses-tu en quittant ce monde, avoir semé dans plusieurs âmes quelque paix, quelque lumière, quelque amour effectif des hommes.
Gratry.